CW01626643

Collection

chauve souris

dirigée par
Marie-Charlotte Delmas

Côté jour, **Marie-Charlotte Delmas** dirige une bibliothèque en région parisienne. Côté nuit, elle se passionne depuis toujours pour la littérature fantastique et les vieilles croyances populaires. C'est avec l'appui chaleureux et amical de Claude Seignolle, grand spécialiste des superstitions populaires et auteur de littérature fantastique, qu'elle se lance dans l'écriture. Elle souhaite ainsi faire partager aux jeunes les secrets des traditions mystérieuses d'antan et leur livrer les clés qui permettent d'ouvrir les portes du monde de l'étrange.

◆

Max Cabanes est auteur de bandes dessinées. Il a obtenu le Grand Prix de la ville d'Angoulême. « Il y a au moins deux réalités au monde : l'univers mesurable, que nous vivons au quotidien, et l'univers impalpable, où plus rien n'obéit aux mêmes lois, où l'on craint qu'il ne s'y passe des choses d'AVANT LE MONDE. Tout l'art du fantastique réside, pour moi, dans ce fait : essayer d'ouvrir la porte... »

Du même auteur :

La vengeance du meneur de rats
La malédiction des pendus
Le mystère du puits-qui-parle
Histoires sorcières de Claude Seignolle
Petit lexique du Fantastique
Petit lexique des Sorcières
(Chauve-souris / Syros)

Marie-Charlotte Delmas

Petit lexique des superstitions

Illustrations de Max Cabanes

SYROS
jeunesse

Catalogage Electre-Bibliographie
Delmas, Marie-Charlotte
Petit lexique des superstitions / ill. Max Cabanes
Paris : Syros, 2001 - (Chauve-Souris)
ISBN : 2-84146-978-6
Rameau : littérature fantastique : dictionnaires pour la jeunesse.
Dewey : 810 - Livres pour le jeunesse. Histoire, théorie, critique.
Public concerné : Bons lecteurs

Y CROIRE OU PAS !

Qui n'a pas, un jour, évité de passer sous une échelle de crainte de s'attirer quelque malheur ? Ou encore, marché sur le bord d'un trottoir en faisant bien attention de ne pas mordre les traits de jointure des pierres, afin que s'exauce un vœu ? Chacun de nous, à un moment ou à un autre, a pénétré, sans même y prendre garde, dans l'univers mystérieux des superstitions.

Les superstitions sont vieilles comme le monde. Elles ont existé de tout temps et partout. La plupart de celles qui demeurent encore vivantes aujourd'hui étaient déjà présentes dans l'Antiquité. Nul ne sait d'où viennent les superstitions, qui les a inventées, même si l'on peut parfois tenter d'expliquer ou de situer certaines d'entre elles. Elles sont les traces d'une époque où les dieux étaient nombreux et où la nature, les plantes, les animaux étaient sacrés et animés de pouvoirs.

Le besoin de se sentir protégé, de deviner le futur, de déchiffrer son destin et de faire reculer la peur de l'inconnu motive la survie de ces croyances populaires. C'est pourquoi, malgré le développement des connaissances et des sciences, beaucoup de personnes restent sensibles à ces petits signes dont elles se méfient ou se réjouissent. À vous de décider s'il faut y croire ou pas !

sorcières

présage

potion

dicton

remède

1

sorcières

amulette

dicton

présage

potion

amulette

ARAIGNÉE

Les araignées font l'objet d'un grand nombre de croyances. Selon leur quantité et l'endroit où elles se trouvent, elles **présagent** un mariage, de l'argent, parfois même une mort.

Si l'araignée figure en bonne place dans les ingrédients des **potions de sorcière**, elle est également très présente dans les **remèdes** populaires. On l'utilisait par exemple pour guérir la fièvre ou encore pour faire disparaître les verrues. L'araignée servait aussi à confectionner des **amulettes** que l'on portait autour du cou dans une coquille de noix pour se protéger des épidémies.

On disait également que la poudre d'araignée que l'on jetait sur les cartes ou sur les dés attirait la chance du joueur.

Mais, ce qui place encore de nos jours l'araignée au hit-parade des superstitions, c'est le célèbre et très ancien **dicton** :

Araignée du matin, chagrin
Araignée du midi, soucis
Araignée du soir, espoir

En fait, ce dicton pourrait être lié au temps qu'il va faire. Les araignées ont plutôt tendance à se montrer en fin de journée. Les paysans pensaient que, si elles sortaient le matin ou à midi, c'est qu'elles prévoyaient un orage, ou de la pluie, qui les empêcherait d'aller chasser le soir.

Quel que soit le message apporté par l'araignée, la tradition affirme qu'il faut à tout prix éviter de l'écraser par simple cruauté, sous peine de malheur à venir.

L'ARAIGNÉE LUTIN

Il y avait autrefois en Bretagne une croyance assez curieuse. Dans cette région où les histoires de lutins et autres farfadets sont très nombreuses, on racontait à la veillée qu'il fallait se méfier de certaines araignées que l'on nommait les araignées lutins.

Le jour, rien ne les distinguait des autres. Petites et apparemment inoffensives, elles tissaient leur toile afin de capturer leurs proies. Mais, lorsque venait la nuit, ces araignées se mettaient soudain à grossir et prenaient parfois la forme d'un lutin. Alors, il valait mieux ne pas croiser leur route, car elles étranglaient sans pitié tous ceux qu'elles rencontraient.

Araignée du soir, espoir! C'est bon pour moi.

adoration

Sabbat

robe noire

Démon

noir

2

Démon

Sabbat

Démon

sorciers

malédiction

noir

CHAT NOIR

Vénéré dans l'Antiquité, en particulier en Égypte, le chat paya cher par la suite l'**adoration** que lui vouaient les peuples anciens. Il devint au Moyen Âge un animal maudit, surtout s'il avait la malchance d'être **noir**.

Associé au démon dans les récits populaires, le chat noir était le compagnon favori des **sorciers**, ce qui n'arrangea pas sa réputation. On croyait que les sorcières et les sorciers avaient le pouvoir de se métamorphoser en chats noirs et chaque année, à Mardi Gras, on craignait le sabbat des chats, grande assemblée diabolique présidée par le diable en personne.

Dans toute l'Europe, les pauvres chats furent l'objet de nombreuses tortures. On leur coupait la queue pour éviter qu'ils deviennent sorciers et beaucoup d'entre eux finirent leur vie pendus, bouillis dans des marmites ou brûlés sur des bûchers.

On accusa aussi le chat d'être en relation avec le monde de l'invisible et d'absorber le mal dans sa fourrure noire avant de le retransmettre à ceux qu'il rencontrait. Sans doute est-ce pour cela que, des siècles plus tard, l'animal passe encore pour un messager du malheur. Croiser sa route reste toujours pour certaines personnes un signe de **malédiction**.

Mais, comme beaucoup de superstitions sont contradictoires, le chat noir est aussi considéré comme un animal bénéfique dans bien des régions de France où l'on dit qu'il porte bonheur dans une maison. Et certains n'hésitent pas à affirmer qu'il tue beaucoup plus de souris que les autres chats. Si ce n'est pas une preuve !

LE MATAGOT

Le Matagot est un animal sorcier qui se présente le plus souvent sous la forme d'un chat noir. Il est censé apporter la richesse à celui qui parvient à le posséder.

Pour réussir à capturer un Matagot, il faut attacher une poule noire à la croisée de quatre chemins. Lorsque le Matagot, avide de chair fraîche, se précipite sur la poule, le chasseur doit l'attraper par la queue et l'enfermer dans un sac sans lui faire de mal. Il faut ensuite ramener le Matagot chez soi, le placer dans un coffre et le nourrir tous les jours de la première bouchée de son repas pour devenir riche. Chaque matin, on trouve une pièce d'or près de l'animal.

Avoue Que Tu bosses pour une sorcière !!!

bête à bon dieu

vœu

bête à bon dieu

chance

bonheur

3

vœu

envol

bonheur

chance

paradis

chance

COCCINELLE

C'est parce que l'on disait qu'elle arrivait tout droit du **Paradis** que la coccinelle fut surnommée « **bête à bon dieu** », « poulette au bon dieu » ou encore « petit cheval du bon dieu». Grâce à son origine divine, cet insecte est porteur de **chance** et jouit donc d'une excellente réputation.

Animal respecté dans beaucoup de régions, la coccinelle est presque toujours un présage de **bonheur**. Celui qui aperçoit une coccinelle doit s'empresser de faire un **vœu** pour qu'elle l'emporte au ciel avec elle, lui donnant ainsi plus de chances de se réaliser.

Si, par hasard, elle se pose sur la main, c'est très bon signe, surtout si cela se passe un dimanche et que la coccinelle y reste au moins vingt-deux secondes avant de **s'envoler**. On obtient alors autant de bonnes nouvelles que la petite bête a de points noirs sur sa carapace rouge.

On peut aussi consulter la coccinelle pour savoir le temps qu'il fera. Il suffit pour cela de la placer au bout du doigt. Si elle s'envole, c'est signe de beau temps. Dans le cas contraire, la pluie n'est pas loin.

À toutes ces bonnes choses qu'apporte la coccinelle, une seule condition. Il ne faut jamais la tuer ni lui faire de mal. Toute cruauté envers l'insecte attire sur son tortionnaire une série de malheurs. Mais qui aurait envie se s'attaquer à ce sympathique porte-bonheur ?

LA CATHERINETTE

En Provence, la coccinelle que l'on appelait Catherinette était utilisée par les jeunes filles qui souhaitaient se marier. Il suffisait de la laisser s'envoler en disant :

« Catherinette, dis-moi où je passerai quand je me marierai. »

Ensuite, on observait la coccinelle. Si elle se dirigeait vers un jeune homme, cela signifiait un mariage prochain. Si elle volait vers une église, c'était signe que la jeune fille rentrerait au couvent.

Une autre coutume consistait à donner à l'un des doigts de la personne qui consultait la Catherinette le nom de son fiancé. On plaçait ensuite l'insecte dans la main fermée, puis on l'ouvrait. Si l'insecte choisissait le bon doigt, le mariage était certain.

Ho! Ho!
On se fait
sponsoriser par
la concurrence
...

index

pouvoir

protection

croix

index

4

croix

majeur

protection

signe

pouvoir

signe

CROISER LES DOIGTS

La **croix** est le plus vieux et le plus universel des symboles. Son caractère sacré la fait redouter des démons, des sorciers et de toutes les créatures surnaturelles ou diaboliques. Elle permet de repousser les vampires et, lorsqu'on la trace sur les murs, elle est censée **protéger** les maisons.

Croiser les doigts, en plaçant le **majeur** au-dessus de l'**index**, est un **signe** particulièrement employé et qui a de nombreuses vertus, du moins si l'on en croit les superstitions populaires.

Si l'on croise les doigts en faisant un vœu, on augmente ses chances de réalisation. Il faut aussi faire ce geste si l'on dit un mensonge. C'est le moyen d'avouer à quelqu'un, au diable peut-être, que l'on ne raconte pas la vérité. Et mensonge avoué est déjà à moitié pardonné, dit un dicton populaire. Cela permet donc de mentir sans risque.

Le fait de croiser les doigts a bien d'autres **pouvoirs** comme appeler la chance, ou encore, se préserver des maléfices ou d'une personne mauvaise. Mais, attention, certaines traditions précisent qu'il est nécessaire de croiser les doigts des deux mains pour que cela soit efficace.

Comme deux précautions valent mieux qu'une, on dit aussi que l'on peut faire le signe de **croix** (de haut en bas et de gauche à droite) en croisant les doigts. Cela permet d'en renforcer le pouvoir bénéfique ou protecteur.

Il existe également d'autres signes magiques à faire avec les doigts. Comment je le sais ? Devinez ! C'est mon petit doigt qui me l'a dit.

IL NE FAUT PAS MONTRER DU DOIGT !

On apprend généralement aux enfants qu'il est très impoli de montrer une personne ou une chose du doigt. Mais ce que l'on ignore, c'est que l'interdiction de ce geste provient d'une vieille superstition. Montrer du doigt porte malheur.

Si l'on désigne une personne du doigt, on peut attirer sur elle un mauvais sort. S'il s'agit d'un bateau, il risque de subir un naufrage. Montrer la lune du doigt est également très néfaste. Répété sept fois, ce signe peut rendre aveugle. Et, si l'on montre ainsi un cimetière ou une tombe, cela suffit à attirer la mort.

Pour vaincre une souris...
il Faut TOUT croiser.
KSS!
KSS!
KSS!
la queue, chais pas quoi en Faire.

pendu

malchance

malchance

rumeur

barreaux

5

rumeur

pendu

mauvais sort

passer dessous

mauvais sort

pendu

ÉCHELLE

Si l'on en croit la **rumeur** publique, il est bien moins dangereux de grimper sur une échelle, que de **passer dessous**, car cela porte malheur.

Cette superstition, très répandue, est assez récente. Elle n'apparaît qu'après le XVIIe siècle et personne ne sait vraiment d'où elle vient. Certains pensent qu'elle est peut-être liée aux **pendus**. En effet, lors des pendaisons, on posait une échelle sur le gibet afin que le condamné accède à la corde qui allait mettre fin à ses jours. Avant de monter, le futur pendu devait passer sous l'échelle, tandis que le bourreau restait devant et la contournait. Peut-être est-ce le souvenir de ce supplice qui a fait naître cette superstition ?

Peut-être s'agit-il simplement d'une question de bon sens. Qui dit échelle, dit bien souvent travaux. Si l'on veut éviter de recevoir quelque outil sur la tête, il est sûr que l'on court moins de risques en contournant une échelle qu'en passant dessous.

Néanmoins, s'il vous arrive de passer par mégarde sous une échelle, sachez qu'il est tout de même possible d'échapper au mauvais sort. Il suffit pour cela de choisir l'une des recettes proposées dans le grand livre des superstitions populaires. Par exemple, cracher trois fois à travers les **barreaux** ou prendre un peu de salive sur son doigt et s'en servir pour tracer une croix sur ses chaussures. On peut aussi garder les doigts croisés jusqu'à ce que l'on rencontre un chien.

ET L'ESCALIER ?

Comme l'échelle, l'escalier permet de s'élever du sol. Dans les religions ou les mythologies, l'un et l'autre sont souvent évoqués, car ils permettent de relier les hommes aux dieux.

Si les croyances populaires ne prédisent rien de malheureux pour qui passe sous un escalier, cela ne signifie pas que l'escalier est sans danger. Y croiser quelqu'un est de très mauvais augure. Pour se préserver du mauvais sort, il faut croiser les doigts trois marches avant et trois marches après la rencontre.

Trébucher en montant un escalier présage des ennuis, tandis que, si cela se produit lors de la descente, le maladroit peut s'attendre à un événement heureux.

Je ne passerai jamais derrière une échelle. Même pour une souris.
whisky

fantôme

croissant de lune

clou

croissant de lune

fantôme

6

clou

feu

porte-bonheur

fer

porte-bonheur

clou

FER À CHEVAL

À ranger sans aucune réserve du côté des **porte-bonheur**, le fer à cheval bénéficie d'une excellente réputation à travers le monde. Déjà utilisé par les Grecs de l'Antiquité comme une amulette protectrice, il fut adopté par les Romains comme un objet porteur de chance. Il faut dire que le fer à cheval réunit plusieurs éléments magiques ou sacrés : le **fer**, considéré comme un métal protecteur, le **croissant de lune** dont il a la forme, le cheval, animal symbolique. D'autre part, il était fabriqué par le maréchal-ferrant, maître des secrets et de la magie du **feu**.

Dans toute l'Europe et en Amérique du Nord, le fer à cheval reste un objet bénéfique.

On avait jadis coutume de **clouer** un fer à cheval sur la porte des maisons. Pour qu'il soit plus efficace, on disposait ses deux branches en l'air comme des cornes. Il avait ainsi le pouvoir de repousser les démons, les sorciers et même les **fantômes**.

On dit que, si le fer à cheval a été trouvé, son pouvoir est encore plus puissant. Il faut absolument le recueillir et le garder avec soi, car il attire la chance. Il faut dire qu'il y a des siècles, les gens riches ferraient parfois leurs chevaux avec des fers d'or ou d'argent. Lorsque l'un d'eux se détachait, ils avaient coutume de le laisser à qui le ramasserait. Celui qui le découvrait avait alors toutes les raisons de se croire chanceux.

LE FER DE L'ÂNE OU DE LA MULE

Contrairement au fer à cheval, le fer d'un âne ne vaut pas grand-chose. Il est inutile et peut être même dangereux de le ramasser. En effet, l'âne, que l'on a coutume de dire bête, était également considéré par nos aïeux comme le contraire diabolique du cheval.

Mais il est encore bien pire de trouver un fer de mule ou de mulet, animal issu de l'union d'une jument et d'un âne (ou d'un cheval et d'une ânesse). À l'opposé des propriétés bénéfiques du fer à cheval, le fer de mule n'attire que des malheurs.

J'espère que ça va être efficace...
Parce que c'est du boulot !

magie

foudre

magie

arbre

druides

Noël

7

foudre

minuit

minuit

magie

druides

GUI

Le gui est un petit arbrisseau aux feuilles toujours vertes et aux baies blanches, qui s'installe en parasite dans les **arbres**. Les Gaulois lui attribuaient des propriétés magiques. Le Rameau d'or, nom que l'on donnait au gui dont les branches jaunissaient en séchant, possédait de multiples vertus. Il guérissait les maladies, servait de contrepoison, ou encore, faisait fuir les mauvais esprits.

De cette tradition, le gui conservera son caractère **magique** et protecteur. Durant tout le Moyen Âge, l'Église lutta contre cette ancienne croyance en interdisant l'usage du gui durant les fêtes de **Noël**. Mais ce fut en vain ! Les hommes refusèrent de se priver d'une plante qui protégeait les maisons de la **foudre**, permettait d'éviter les maladies, repoussait les forces surnaturelles et apportait la chance. Au gui l'an neuf ! disait-on jadis.

Le gui que l'on suspendait aux plafonds des maisons à Noël devait être ôté et brûlé douze nuits après la fête si l'on voulait éviter que les habitants de la maison se disputent durant l'année nouvelle.

Véritable porte-bonheur, le gui est encore aujourd'hui associé à la fête du Nouvel An. Lorsque sonnent les douze coups de **minuit**, heure à laquelle les plantes ont le plus de pouvoir, il faut s'embrasser sous un bouquet de gui. Cela permet d'accroître le pouvoir des vœux de bonheur que l'on échange pour l'année nouvelle.

LA CUEILLETTE DU GUI

Les Gaulois vénéraient les arbres et en particulier le chêne, symbole de force et de sagesse, qu'ils considéraient comme sacré. C'est pourquoi ils recueillaient précieusement le gui qui poussait sur les chênes auquel ils attribuaient d'immenses pouvoirs.

La cueillette du gui faisait l'objet d'une grande cérémonie. Chaque début d'année, les **druides** ramassaient le gui à l'aide d'une serpe d'or. Les branches étaient recueillies dans un drap blanc afin qu'elles ne touchent pas le sol. Ensuite, certaines étaient brûlées en l'honneur des dieux, et les autres distribuées aux assistants qui les attachaient autour de leur cou ou à la porte de leur maison en guise de protection.

Pas de bisou !
Ça pue le Kittekat qu'a dépassé la date !

nuit

Diable du Diable

heures

8

vampires lutins

revenants revenants nuit

vampires

MINUIT

Pour les Bretons, c'est le **Diable** en personne qui a créé la **nuit**, laissant à Dieu le jour. C'est pour cela que tous les êtres maléfiques ou surnaturels ont fait de la nuit leur royaume. Et c'est à minuit qu'ils sont les plus puissants.

Minuit, l'heure du crime... mais aussi celle de l'apparition des fantômes. C'est en effet au cœur de la nuit que les ombres de l'au-delà se manifestent. Les morts-vivants sortent de leur tombe, les **vampires** font glisser le couvercle de leur cercueil en s'aiguisant les canines et les loups-garous hurlent à la lune. Une légende bretonne raconte qu'à minuit tous les morts ouvrent les yeux.

À minuit, tout est possible pour les mauvais esprits dont les pouvoirs sont immenses. C'est aussi l'heure à laquelle il faut ramasser les plantes magiques pour qu'elles aient un maximum de force. À minuit, la nuit de la Saint-Jean, on dit que la fougère fleurit et disperse des graines magiques.

Depuis des siècles, minuit a été considéré comme le moment propice à toutes sortes de magies et d'émerveillements. Quand sonnent les douze coups de minuit, tous les trésors enfouis s'offrent l'espace d'un instant.

C'est aussi à minuit que se retrouvaient les sorcières pour leurs sabbats nocturnes, assemblées durant lesquelles elles appelaient le Diable, leur Maître.

Mais, à l'heure où les sorcières se déchaînent, les bonnes fées perdent leur pouvoir et la pauvre Cendrillon doit s'enfuir du bal avant que son carrosse se transforme en citrouille.

Une citrouille ! Comme celle des sorcières d'Halloween ?

LES HEURES DE LA NUIT

Si minuit est incontestablement le moment le plus terrible, les autres **heures** de la nuit ne sont pas sans danger.

Le Diable commence à rôder dès la tombée du jour. Certains fantômes aiment à se promener entre dix heures du soir et deux heures du matin, tandis que les **lutins** et les êtres maudits sont à redouter pendant les heures impaires.

Naître pendant la nuit peut attirer quelques désagréments. Mais les heures qui entraînent la malchance de l'enfant sont différentes selon les régions. Dans les Vosges, il faut éviter de venir au monde entre onze heures du soir et minuit ; dans le Cantal, c'est entre minuit et une heure et dans la Gironde, à une heure du matin.

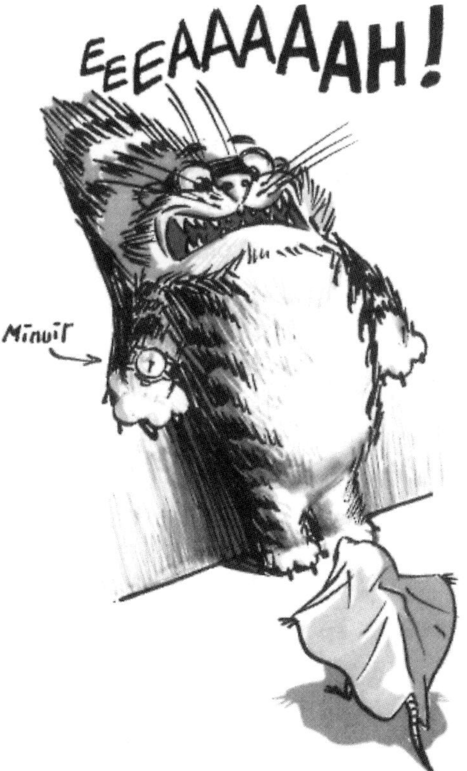
EEEAAAAAAH !
Minuit

fées

magiciens

devins

magiciens

mare

9

devins

fées

devins

sept

reflet

reflet

MIROIR

Miroir, ô mon beau miroir, suis-je toujours la plus belle ? demandait la marâtre de Blanche-Neige en contemplant son **reflet** dans son miroir magique. Et, chaque fois, il lui répondait bien docilement. Tout le monde connaît cette histoire. Mais ce que l'on ignore parfois, c'est que le miroir est l'un des plus célèbres et des plus anciens instruments de divination. Bien avant la boule de cristal des voyants, les **magiciens** et **devins** de l'Antiquité disaient voir l'invisible, l'inconnu, et même l'avenir dans leurs miroirs de bronze ou d'argent poli.

Au Moyen Âge, les jeunes filles consultaient leur miroir pour connaître le visage de leur futur époux. Mais elles devaient éviter de trop se regarder dedans, car cette coquetterie risquait d'attirer la vilaine figure du Diable, surtout après la tombée du jour.

Si un miroir se brise tout seul, c'est signe de danger. Mais casser un miroir apporte **sept** ans de malheur. Cette superstition, très répandue en Europe, ajoute au caractère sacré de l'objet, le chiffre magique 7. Les premiers miroirs plats et cassables, nés à Venise, en Italie, au XVe siècle, étaient recouverts d'une fine couche d'argent et coûtaient très cher. Ainsi, le domestique qui brisait un miroir devait-il être réellement très malheureux.

Pour éviter la malédiction du miroir cassé, il suffit de rassembler tous les morceaux et de les jeter dans un fleuve ou un puits, en les lançant par-dessus son épaule.

LE LAC AUX FÉES

Dans le monde merveilleux des esprits de la nature, ce sont les eaux dormantes qui servent de miroir aux fées. Une légende du Berry rapporte que deux d'entre elles, de la famille des Dames blanches, venaient chaque jour se mirer dans une **mare** qui prit le nom de Lac aux **fées**.

Les paysans du coin auraient bien aimé pouvoir contempler leur beauté, mais personne n'y parvenait. En effet, dès qu'un promeneur approchait, les demoiselles se transformaient en deux petites flammes qui se mettaient à voleter à la surface de l'eau.

Trop mortel !
lorsque je souris dans ce miroir, je vois une souris qui me sourit ...

ombrelle

ombrelle

soleil

maison

malheur

soleil

10

orages

orages

ouvrir

ombrelle

malheur

PARAPLUIE

Ouvrir un parapluie à l'intérieur d'une **maison** porte **malheur**. Cette idée, qui paraît un peu saugrenue, est relativement récente, puisque le parapluie n'a fait son apparition en Europe qu'au XVIIe siècle.

Cette superstition pourrait avoir deux explications. La première nous vient d'Orient où l'**ombrelle**, qui précède le parapluie, était réservée aux rois. Elle servait à protéger du **soleil**, astre vénéré dans toutes les civilisations, ce qui explique le caractère sacré de l'objet. Destinée au soleil, il était interdit de l'**ouvrir** à l'intérieur des habitations.

La seconde explication serait liée à l'arrivée en Angleterre des premiers parapluies à armatures métalliques au XVIIIe siècle. De par leur mécanisme un peu rudimentaire, ils se dépliaient assez brutalement. Il valait mieux avoir de l'espace pour éviter de blesser quelqu'un, ce qui fut, paraît-il, quelquefois le cas. C'est la raison pour laquelle on évitait de les ouvrir à l'intérieur des pièces.

Mais il y a bien d'autres interdits liés au parapluie. Il ne faut pas faire tourner un parapluie sur lui-même, le poser sur une table ou sur un lit. Ouvrir un parapluie alors qu'il fait soleil attire la pluie.

Un dernier conseil ! N'offrez jamais un parapluie à l'un de vos amis. Ce simple cadeau suffirait à vous fâcher avec lui. C'est du moins ce que prétend la tradition !

LES FAISEURS D'ORAGES

Dans beaucoup de régions françaises, les paysans craignaient les faiseurs d'orages. Ils soupçonnaient certaines familles de détenir le secret qui permet de faire souffler les bourrasques, déclencher le tonnerre et tomber la pluie ou la grêle.

Au début du siècle, en Sologne, de nombreuses personnes affirmèrent avoir été témoins des agissements de ces sorciers du mauvais temps. Voici comment les choses se passaient. Plusieurs membres de la famille des faiseurs d'orages (il en fallait au moins trois) se réunissaient la nuit au bord d'un étang. Là, à l'aide de grands battoirs, ils frappaient dans l'eau en hurlant, faisant jaillir de gigantesques éclaboussures. Le lendemain ou quelques jours plus tard, l'**orage** se déchaînait sur la région.

J'ai voulu vérifier, en l'ouvrant sous un toit...
...et c'est un plancher qui s'effondre, Banane !

protection

protection

pincée

dieux

grains

11

dieux

mer

renverser

mer

pincée

dieux

SEL

Utilisé depuis toujours pour conserver les aliments, le sel était jadis considéré comme un élément purificateur. Les Grecs et les Romains, qui attribuaient au sel un pouvoir divin et l'offraient aux **dieux**, s'en servaient également pour soigner les blessures.

Le sel permet aussi de **se protéger** du monde invisible. Diables et revenants détestent ce condiment. Un simple sachet de sel porté autour du cou les fait fuir aussitôt. C'est pourquoi il faut toujours emporter un peu de sel dans sa poche gauche si l'on veut pénétrer dans une maison hantée et en jeter une pincée par-dessus son épaule pour éloigner les mauvais esprits et aveugler le diable.

Mais le sel possède encore bien d'autres pouvoirs. Jeter une poignée de sel dans la **mer** garantit un bon voyage, faire brûler une **pincée** de sel dans la cheminée écarte les orages, tandis que trois **grains** de sel posés devant la porte évitent la grêle.

Dans certaines régions de France, la coutume voulait que l'on place sous le lit d'un malade une assiette de sel pour l'aider à guérir. S'il mourait, on posait le sel à côté du lit pour empêcher le Diable de voler son âme.

Si, par hasard, on manque de sel, il ne faut jamais en emprunter à quelqu'un et encore moins le lui rendre, au risque de s'attirer de gros ennuis.

Avoir beaucoup de sel chez soi permet de devenir riche, mais **renverser** une salière porte malheur. On dit alors qu'il y aura autant de larmes versées que de grains de sel renversés sur la table. Bon courage à celui qui veut les compter !

LA QUEUE DU DIABLE

Nous avons vu que le Diable, comme toutes les créatures qui l'escortent ou le servent, a une véritable horreur du sel. Une petite légende raconte comment, à cause du sel, il perdit sa queue.

Un jour qu'il se promenait sur la place d'un village, quelques jeunes enfants qui jouaient là le reconnurent et se mirent à lui lancer une pincée de sel sur la queue. Le Diable poussa un hurlement de douleur. Le sel l'attaquait telle une flamme. Pour calmer ses souffrances, il mordit le bout brûlé et l'arracha. Voyant cela, les garnements continuèrent jusqu'à ce que le Diable se sauve après avoir coupé la totalité de sa queue.

Qu'est-ce que tu fais souris?
Cet endroit est hanté par un chat...

arbre

baguette magique

arbre

sacré

croix

12

arbre

rond

sacré

destin

destin

croix

TOUCHER DU BOIS

L'arbre était un élément **sacré** dans la plupart des civilisations qui nous ont précédés. Celui qui posait la main sur son écorce prenait un peu de sa force et de ses pouvoirs, surtout si c'était un chêne.

Ainsi, la pratique qui consiste à toucher du bois pour se protéger et déjouer le mauvais sort est très ancienne. Elle est liée à une autre superstition qui prétend que se réjouir à l'avance d'un événement qui doit se réaliser porte malheur. Celui qui touche du bois en même temps se protège et s'excuse, en quelque sorte, d'anticiper sur le **destin**.

Avec l'arrivée du christianisme, le bois, matériau qui servit à faire la **croix** du Christ, conserva son caractère sacré. Jadis, on trouvait dans certaines églises des fragments de bois dont on prétendait qu'ils venaient de cette croix. Les fidèles les touchaient pour se préserver du mal et des soucis.

Toucher du bois est un geste encore très employé aujourd'hui. Mais beaucoup de gens ignorent qu'il faut choisir un bois brut, non vernis, et de préférence **rond**, comme un manche à balai ou une bûche, par exemple. De plus, il faut absolument le toucher avec la main droite.

Si, par malchance, il n'y a aucun morceau de bois autour du superstitieux qui veut conjurer un sort, tout n'est pas perdu pour autant. Il est possible de se contenter de prononcer la phrase « je touche du bois » ou encore, de toucher sa propre tête.

LA MAGIE DU BOIS

Le bois possède de nombreuses propriétés **magiques**. Les magiciens faisaient leurs fameuses **baguettes** dans du bois de sureau ou de noisetier. Mais nos ancêtres se servaient aussi des branches de certains arbres pour se protéger des sorciers. Les essences varient selon les régions et le type d'arbres que l'on y rencontre. C'est le bois de néflier que l'on suspend au plafond des maisons et des étables pour éloigner les forces du mal en Vendée. En Savoie, c'est le sapin qui permet de lutter contre le mauvais œil. Dans le Loiret, une branche d'aubépine blanche ou de bouleau.

En Auvergne et dans le Languedoc, un petit rameau de noyer placé avant le lever du jour aux portes et aux fenêtres des habitations attire la chance.

Je Touche du bois avec la patte droite.
Succès ASSURÉ!

envoûtement

envoûtement

amour

chance

chance

13

amour

jeux

recettes

morsures

morsures

amour

TRÈFLE À QUATRE FEUILLES

Le trèfle est considéré comme une plante bénéfique. Dans les vieilles **recettes** de médecine populaire, on prétend qu'il guérit les **morsures** de serpent et lutte contre toutes sortes d'empoisonnements. On disait en Bretagne que celui qui portait quelques brins de trèfle dans sa poche pouvait sans risque se livrer à la magie et réaliser un **envoûtement amoureux**.

Mais le trèfle à quatre feuilles possède des pouvoirs bien plus puissants. À classer sans aucune hésitation du côté des porte-bonheur, le trèfle à quatre feuilles était déjà très recherché par les druides, au temps de la vieille civilisation celtique.

On a coutume de dire que le trèfle à quatre feuilles porte chance à celui qui le trouve, surtout si c'est par hasard. Au Moyen Âge, on lui attribuait le pouvoir de faire gagner au **jeu** son heureux possesseur. Par ailleurs, le donner à un ami augmente la chance de celui qui l'a découvert.

Dans certaines régions de France, comme la Bretagne ou la Lorraine, on croyait également que le trèfle à quatre feuilles faisait fuir le Diable et repoussait les fantômes.

Mais savez-vous qu'il existe aussi des trèfles à cinq feuilles ? Encore plus rares que leurs frères à quatre feuilles, ils sont bien sûr encore plus précieux car leur pouvoir est immense.

LE TRÈFLE MAGIQUE D'IRLANDE

Le trèfle à quatre feuilles possède, en Irlande, d'étranges pouvoirs. Il permet à celui qui le trouve de comprendre le langage des animaux. Une légende raconte l'histoire d'un paysan qui ramassait de l'herbe dans un pré, accompagné de ses deux chiens. Soudain, tandis qu'il attrape une grosse brassée d'herbe, il entend deux personnes parler. Le paysan se retourne, jette un œil autour de lui. Personne !

C'est alors qu'il réalise que ce sont ses chiens qu'il entend dialoguer. Sous le coup de la surprise, il lâche l'herbe qu'il porte sur le sol et aperçoit le trèfle à quatre feuilles qui s'y trouve, tandis que les paroles redeviennent des aboiements. Il attrape délicatement le trèfle et se met de nouveau à saisir la conversation de ses chiens.

un mouton à cinq pattes...
...qui broute du trèfle à quatre feuilles...
...ça a quelque chose de neuf!

jour

Vénus

maléfique

dicton

vénus

14

dicton

jour

semaine

maléfique

maléfique

semaine

VENDREDI TREIZE

Dans la plupart des langues parlées en Europe, les jours de la **semaine** correspondent aux sept planètes que connaissaient les peuples anciens : Mars, Mercure, Jupiter, **Vénus**, Saturne, auxquelles ils ajoutaient le Soleil et la Lune.

Le vendredi, **jour** de Vénus, jouit depuis l'**Antiquité** d'une mauvaise réputation. C'est le jour que préfèrent les démons et les fantômes pour apparaître aux vivants. C'est aussi le jour de la mort du Christ pour les chrétiens.

Selon les anciens, bien des choses étaient à éviter le vendredi, comme faire la lessive, laver les vitres, se marier, chanter ou rire. « Qui rit le vendredi pleurera le dimanche », dit un vieux **dicton** populaire.

Quant au chiffre 13, il fut de tout temps considéré comme particulièrement **maléfique**. Aujourd'hui encore, certains hôpitaux ou hôtels n'ont pas de chambre 13 et, aux États-Unis, beaucoup d'immeubles passent directement du 12e au 14e étage.

Tout cela explique pourquoi le vendredi 13 n'est pas considéré comme un jour ordinaire. Certaines personnes le craignent, tandis que d'autres pensent qu'il porte chance... et s'empressent de jouer au loto !

Chance ou malheur ? Les avis restent très partagés.

LES BONS ET MAUVAIS JOURS

De multiples superstitions entouraient jadis les jours de la semaine. Certains étaient considérés comme néfastes et l'on recommandait de ne rien entreprendre ces jours-là. C'était le cas du lundi et du vendredi, jour des pendaisons en Grande-Bretagne.

Les autres jours étaient plutôt favorables. En Bretagne, on disait que le mardi était le jour préféré des morts. Le mercredi, jour de repos des sorciers, passait pour être le meilleur jour de la semaine avec le dimanche, jour où les sorciers perdaient leurs pouvoirs.

Mais chaque jour de la semaine avait ses mises en garde. Par exemple, les jours en « R », il ne fallait pas se couper les ongles ou se raser la barbe.

Aïe! ce journal est daté du Vendredi 13!
ET page 13, il y a une mauvaise nouvelle pour Toi...

Collection
chauve souris

petit lexique des
SORCIÈRES

petit lexique du
FANTASTIQUE

petit lexique des
VAMPIRES

petit lexique des
FANTÔMES

Achevé d'imprimer en France par Pollina, 85400 Luçon - n° L84384
Conception graphique : Didier Thimonier et Mary Gouzé
Dessin de la chauve-souris : Max Cabanes
Dépôt légal : octobre 2001
Loi n° 49.956 du 16 juillet 1949
sur les publications destinées à la jeunesse